BEI GRIN MACHT SICH IHR WISSEN BEZAHLT

AF153737

- Wir veröffentlichen Ihre Hausarbeit, Bachelor- und Masterarbeit

- Ihr eigenes eBook und Buch - weltweit in allen wichtigen Shops

- Verdienen Sie an jedem Verkauf

Jetzt bei www.GRIN.com hochladen und kostenlos publizieren

Gesundheitsförderliche Auswahl von Führungskräften. Welche Rolle spielen Persönlichkeitseigenschaften?

GRIN

Bibliografische Information der Deutschen Nationalbibliothek:

Die Deutsche Nationalbibliothek verzeichnet diese Publikation in der Deutschen Nationalbibliografie; detaillierte bibliografische Daten sind im Internet über http://dnb.d-nb.de abrufbar.

ISBN: 9783346721426
Dieses Buch ist auch als E-Book erhältlich.

© GRIN Publishing GmbH
Nymphenburger Straße 86
80636 München

Druck und Bindung: Books on Demand GmbH, Norderstedt Germany
Gedruckt auf säurefreiem Papier aus verantwortungsvollen Quellen

Das vorliegende Werk wurde sorgfältig erarbeitet. Dennoch übernehmen Autoren und Verlag für die Richtigkeit von Angaben, Hinweisen, Links und Ratschlägen sowie eventuelle Druckfehler keine Haftung.

Das Buch bei GRIN: https://www.grin.com/document/1271772

Einsendeaufgabe

Handlungsfelder der Prävention – Alternative C

Abgegeben am: 24.05.2020 im E-Campus

SRH Fernhochschule

Modul: Handlungsfelder der Prävention

Studiengang: Psychologie (B.Sc.)

Inhaltsverzeichnis

Abkürzungsverzeichnis

Trait   Persönlichkeitsmerkmal

Reha   Rehabilitation

HNO   Hals-Nasen-Ohren-Heilkunde

Abbildungsverzeichnis

Tabellenverzeichnis

Textteil zu Aufgabe C1

Ziel der Gesundheitspsychologie ist es, das Erleben und Verhalten des Menschen im Zusammenhang mit dem Thema der Gesundheit und Krankheit zu beschreiben, zu erklären und zu verbessern. „Dabei stehen vor allem riskante und präventive Verhaltensweisen, psychische und soziale Einflussgrößen sowie deren Wechselwirkungen auf körperliche Erkrankungen und Behinderungen im Mittelpunkt" (Renneberg & Hammelstein, 2006, S. 3). Vor diesem Hintergrund sollen in der folgenden Arbeit Persönlichkeitseigenschaften bzw. -merkmale vorgestellt werden, die für die Gesundheit des Menschen eine besondere Rolle spielen und mit der gesundheitsförderlichen Auswahl von Führungskräften in Zusammenhang gebracht werden können. **Risiko- und Schutzfaktoren** bieten hierbei einen Anhaltspunkt, welche Aspekte das Risiko einer Fehlentwicklung erhöhen oder dämpfen können. Risikofaktoren können dabei personale Risikofaktoren (Vulnerabilität) und soziale Risikofaktoren (Stressoren, Belastungen) darstellen (Beelmann, 2012, S. 6). Schutzfaktoren sind Variablen/ Konstrukte, die Risikofaktoren abschwächen können, um erneut ein angemessenes Funktionsniveau zu erlangen, wobei es personale Schutzfaktoren (Resilienz, Invulnerabilität, persönliche Ressourcen) und soziale Schutzfaktoren (soziale Ressourcen) geben kann (Beelmann, 2012, S. 8). Sobald ein ungünstiges Verhältnis zwischen Risiko- und Schutzfaktoren vorliegt, kommt es zu einer Fehlentwicklung (Beelmann, 2012, S. 10). Für den Kontext eines beruflichen Umfeldes sind natürlich auch die psychischen Störungen, die durch das ungünstige Verhältnis zwischen Risiko- und Schutzfaktoren entstehen können zu beachten. In dieser Arbeit wurde versucht die zwei großen Themen, „Gesundheit und Psyche" und „Gesundheit und Organisation" zu vereinen, indem Persönlichkeitsmerkmale herausgeschrieben wurden, die sowohl mit dem einen als auch mit dem anderen Thema korrelieren können. Da sich diese Arbeit auf die Persönlichkeitseigenschaften/ -merkmale eines Menschen konzentriert, die für die individuelle Gesundheit bedeutend sind, werden hierbei nur die personalen Risiko- und Schutzfaktoren von Bedeutung sein. Denn Persönlichkeitseigenschaften/-merkmale werden hier als relativ überdauerndes Gefüge von Merkmalen angesehen, die sich während der Entwicklung herausbilden und situationsabhängig in Intensität und Form zeigen (Fröhlich, 2014, S. 363). Einen Überblick über die allgemeinen Risiko- und Schutzfaktoren in Bezug auf die personalen Merkmale kann in Tabelle 1 visualisiert werden. Tabelle 1 beinhaltet zu den im Folgenden erklärten Merkmalen auch weitere Faktoren, die aus Platzgründen nicht alle beschrieben werden können.

Risikofaktoren

Zu den personalen Risikofaktoren zählt vor allem das Geschlecht. Für Kinder und Jugendliche stellt das männliche Geschlecht ein Risikofaktor dar, während für die übrigen Altersgruppen das weibliche Geschlecht ein Risikofaktor beinhaltet. Auch die Art der Störung ist oft geschlechtsabhängig, da Frauen beispielsweise häufiger an Depressionen erkranken als Männern (Berking & Rief, 2012, S. 22). Zahlreiche Studien über die gesundheitsrelevante Rolle des Geschlechts, führen zu Widersprüchen. Da sich die Gesellschaft in einem schnellen Wandel befindet und zudem ein großer Zeitraum begutachtet werden muss, gestaltet sich dieses Themengebiet als schwierig. Geschlechterspezifische Unterschiede können in 4 Determinanten zurückgeführt werden. Die biologischen Determinanten (Genetik, Hormonregulierung, etc.), die sozial-strukturellen Determinanten (Einkommensstruktur, Familienstruktur, etc.), die behavioralen Determinanten (Gesundheitsverhalten z. B. Alkohol) und die psychosozialen Determinanten (psychische Belastung durch z. B. Trauma); (Hammelstein, 2006a, S. 89). Eine Vielzahl von Studien kamen zu dem Ergebnis, dass in Industriestaaten bei Frauen mehr gesundheitliche Beschwerden verzeichnet werden, Männer jedoch eine wesentlich höhere Sterblichkeitsrate in allen Altersgruppen aufweisen (Hammelstein, 2006a, S. 90). Weitere Studien grenzen den Bereich der Geschlechtsunterschiede auf bestimmte Bereiche ein in denen Frauen einen schlechteren Gesundheitszustand aufweisen als Männer (Schlafstörungen, Angstzustände, etc.), wobei auch diese Unterschiede in jüngster Zeit in einigen Merkmalen abzunehmen scheinen. Zur Erklärung werden zwei Hypothesen herangezogen (»Differential Exposure Hypothesis« und »Differential Vulnerability Hypothesis«) für die es jedoch keine eindeutigen Befunde gibt (Hammelstein, 2006a, S. 96). Auch bei der Auswahl von Führungskräften spielt das Geschlecht auch heute noch eine entscheidende Rolle. Das männliche Geschlecht wird aufgrund der Persönlichkeitseigenschaften meist mit einer Führungsposition in Verbindung gebracht. Der männliche Stereotyp wird als autonom, emotional selbstsicher, rational, tatkräftig, leistungsorientiert, konkurrenzfreudig und aktiv bezeichnet, wohingegen das weibliche Geschlecht mit Anpassungsbestreben, Abhängigkeit und emotionaler Schwäche assoziiert wird (Hegemann, 2009, S. 14). Es konnte jedoch nicht nachgewiesen werden, dass es einen signifikanten Kompetenzunterschied zwischen Männern und Frauen in Führungspositionen gibt (Friedel-Howe, 1991, S. 387). Demzufolge kann keine pauschale Aussage über die Auswahl von Führungskräften durch das Geschlecht erfolgen.

Ein beachtlicher Faktor, für die Entstehung psychischer Störungen stellt das Temperament bzw. die Persönlichkeit eines Menschen dar. Zum Beispiel werden hoher Neurotizismus, Introversion sowie ein geringes Selbstwertgefühl als Risikofaktor eingestuft. Wenn die Tendenz besteht aversive innere Erfahrungen zu vermieden, selbst wenn dadurch langfristige Schäden entstehen, wird das „experiential avoidance" genannt (Hayes, Wilson, Gifford, Follette & Strosahl, 1996, zitiert von Berking & Rief, 2012, S. 22). Denn oft wird diese Vermeidungstendenz aufrechterhalten, durch Prozesse, die kurzfristig negative Affekte reduzieren (z. B. Alkohol). Dadurch kann es zu einem erhöhten Verstärkerpotenzial kommen, dass langfristig zu Entwicklung einer psychischen Störung beitragen kann (Berking & Rief, 2012, S. 22). Zudem können ungünstige Lebensbedingungen ebenfalls zu einem Risikobereich gezählt werden. Der Vulnerabilitätsfaktor bezeichnet kindbezogene Risikofaktoren wie Armut, psychische Erkrankungen der Eltern, Familienkrisen, etc. Dabei ist Vulnerabilität genauso wie Resilienz situationsabhängig und keine Persönlichkeitseigenschaft, jedoch im Kontext der Führungskräfteauswahl womöglich von Bedeutung. (Rutter, 1999, zitiert von Frey, 2016, S. 159). Die sogenannten „high-risk-children" entwickeln Lern- und Verhaltensabnormalitäten, psychische Krankheiten, etc. Kinder die Resilienz entwickelten konnten, werden dagegen als intelligente, freundliche, interessierte Kinder und Jugendliche wahrgenommen, worauf im Folgenden unter „Schutzfaktoren" weiter eingegangen wird. Dieser Umstand ist abhängig vom individuellen Potenzial, die die Entwicklung von Resilienz fördert und Vulnerabilität bekämpft, weshalb dieser Umstand ebenfalls als gesundheitsförderliche Eigenschaft aufgenommen werden kann (Frey, 2016, S. 159-160). Die eben angeführten Aspekte sind für die (psychische) Gesundheit eines Menschen unabdingbar. Im wirtschaftlichen Kontext, im Bereich der Führung und der Führungskräfteauswahl muss allerdings differenziert werden. In Bezug auf das Temperament können Persönlichkeitstest zum Einsatz kommen, da ein hoher Neurotizismus, Introversion und ein geringes Selbstwertgefühl nicht nur einen Risikofaktor für die Gesundheit des Menschen darstellt, sondern in einer Führungsposition untaugliche Eigenschaften sind. Ungünstige Lebensbedingungen können sowohl Risiko als auch Chance darstellen, was im Folgenden weiter behandelt wird.

Schutzfaktoren

Jeder Mensch wird im Laufe seines Lebens mit Belastungen konfrontiert, ob dies jedoch Einfluss auf die Gesundheit nimmt, hängt von den Beteiligungsmöglichkeiten, sowie aus der Umwelt verfügbaren Ressourcen ab. Die personalen Ressourcen setzten sich aus bestimmten **Persönlichkeitsmerkmalen** und **Bewältigungsstrategien** bzw. Bearbeitungsroutinen zusammen. Gesundheitsförderliche Persönlichkeitsmerkmale sind eine hohe Selbstwirksamkeit, ein realistisches Selbstwertgefühl, eine angemessene Kontrollüberzeugung und ein gewisses Ausmaß an Verhaltenskontrolle (z. B. eigene Handlungen regulieren zu können); (Wittchen & Hoyer, 2011, S. 651). Zudem werden zu den personalen Schutzfaktoren auch situationsabhängigen Ressourcen, wie die Resilienz und die Kompensationsfaktoren gezählt. Resilienz drückt die Widerstandsfähigkeit in negativen Situationen aus. Dies dient dazu durch geeignete Strategien aus schwierigen Situationen störungsfrei hervorgehen zu können (Petermann, Maercker, Lutz & Stangier, 2018, S. 101). Resilienz kann im Kontext des Unternehmens, der aktuellen Herausforderung oder der zur Verfügung stehenden Ressourcen gemessen werden. Des Weiteren können neben der Resilienz auch Fragebögen zu den Einzelkomponenten der Resilienz eingesetzt werden, die beispielsweise Selbstwirksamkeit, Achtsamkeit, Stärken und vieles mehr bei angehenden Führungskräften messen (Rolfe, 2019, S. 265). Kompensationsfaktoren beschreiben hingegen Ressourcen, die Fehlentwicklungen ausgleichen sollen, indem sie die Anforderungen der Umwelt durch Entwicklung neuer Fähigkeiten bewältigen (Petermann et al., 2018, S. 103). Unter Bewältigungsmöglichkeiten werden individuelle Bewältigungsstrategien verstanden die „Coping" genannt werden und von Lazarus (1991) aufgegriffen wurden (siehe dazu den Textteil zu Aufgabe C3). In seinem Stress-Modell spricht er von der „Primary Appraisal" und der „Secondary Appraisal". Die Primary Appraisal ist für die Bewertung der Situation zuständig, während Letzteres für die Bewältigungseinschätzung der Situation in Verbindung mit den vorhandenen Coping-Kompetenzen zuständig ist. Stress entsteht in Folge dessen erst dann, wenn eine bedrohliche Situation ermittelt wurde, die nicht durch die vorhandenen Strategien bewältigt werden kann (zitiert von Berking & Rief, 2012, S. 25). Problemlösekompetenzen gelten als Schutz vor psychischen Störungen und besitzen die „Fähigkeit konkrete Probleme zu analysieren, realistische Veränderungsziele anzustreben sowie effektive Veränderungsideen zu generieren und umzusetzen" (Berking & Rief, 2012, S. 25). Problemlösekompetenz bzw. die Fähigkeit Probleme kreativ lösen zu können gehört zu den Kernkompetenzen jeder Führungskraft und sollte schon vorab bei der Einstellung getestet werden (Pelz, 2020, o. S.).

Personengebundene Risikofaktoren	Personale Schutzfaktoren/ Ressourcen
• dispositionelle Faktoren - genetische Veranlagung - Geschlecht • erworbene Faktoren - Entwicklungsrückstände - ungesunde Lebensweisen oder -stile - Verhaltensstörungen und Schulprobleme - geringer Selbstwert - geringer Kohärenzsinn - geringer Optimismus • Vulnerabilitätsfaktoren - chronische Krankheiten und konstitutionelle Handicaps - verminderte Intelligenz - Temperament - geringe/fehlende Bindung zu den Eltern - Erziehungsstil	• Resilienz • Kompensationsfähigkeiten • kognitive (Leistungs-)Fähigkeiten • Stressbewältigungsfertigkeiten • hohe Leistungsfähigkeit • Autonomie • Zielstrebigkeit • Sozialkompetenzen: Kommunikations- und Problemlösefähigkeit • positives Selbstbild/ Selbstwert • Selbstwirksamkeitsüberzeugung

Tabelle 1: Überblick zu den Risiken und Ressourcen (eigene Darstellung, in Anlehnung an Berking & Rief, 2012, S. 144 und Fröhlich-Gildhoff u. Rönnau-Böse, 2015, zitiert nach Kauffeld, 2019, S. 334)

Neben den Risiko- und Schutzfaktoren stellt eine andere Herangehensweise an die Persönlichkeitseigenschaften/ -merkmale in Bezug auf die Gesundheit des

8

Menschen die Gesundheitspsychologie mit den „Traits" (Persönlichkeitsmerkmale) dar, um präventive Maßnahmen zu bestimmen und gesundheitspsychologische Modelle zu bilden. Wie in Tabelle 2 abgebildet, können die Persönlichkeitsbereiche anhand ihrer Funktionalität nach Asendorpf (1999) gegliedert werden (zitiert nach Hammelstein, 2006b, S. 61).

Persönlichkeitsbereich	Beschreibung	Beispiel
Persönlichkeitsfaktoren »Big Five«	Sie beschreiben fünf statistisch unabhängige Faktoren, die wesentliche Eigenschaften der relevanten Alltagspsychologie umfassen	Extraversion, Neurotizismus, Verträglichkeit, Gewissenhaftigkeit, Offenheit für Erfahrung
Temperament	Ist definiert als die individuelle Besonderheit einer Person in Formaspekten des Verhaltens.	Extraversion/Introversion, Neurotizismus, Ängstlichkeit
Fähigkeit	Ist definiert als überdauerndes Merkmal, das den Tätigkeitsvollzug steuert, also Leistung ermöglicht	Intelligenz, Kreativität, Soziale Kompetenz
Bedürfnisse und Motive	Beziehen sich auf überdauernde Ziele des Verhaltens (Richtungsaspekt des Verhaltens)	Leistungsmotiv, Bindung, »Sensation Seeking«
Handlungsüberzeugung	Entsprechen Erwartungs-, Handlungskontroll- und Attributionsstilen	Selbstwirksamkeit, Optimismus, »Locus of Control«
Bewältigungsstil	Habituelle kognitive, emotionale und behaviorale Reaktionen bei Konfrontation mit einem Stressor	Emotionsausdruck, Suche nach sozialer Unterstützung, Problemorientierte Bewältigung
Bewertungsdispositionen	Entsprechen a) Werthaltungen als individueller Besonderheit in der Bewertung von wünschenswerten globalen Zielen bzw. von Handlungsdispositionen oder b) Einstellungen als individueller Besonderheit in der Bewertung spezifischer Objekte	Autoriarismus, Religiosität

Tabelle 2: Unterscheidung der Persönlichkeitsbereiche (in Anlehnung an Asendorpf (1999) zitiert von Hammelstein, 2006b, S. 61)

9

Neben dem schon weiter oben angeführten Temperament und dem Bewältigungsstil, stellt das Fünf-Faktoren-Modell[1] (FFM) einen Weitern Persönlichkeitsbereich dar, da Asendorpf davon ausgeht, dass der Mensch fünf relativ stabile und größtenteils kulturübergreifende Persönlichkeitsmerkmale besitzt. Durch Abbildung 1 kann ein Zusammenhang zwischen den Dimensionen Extraversion und Neurotizismus in Bezug auf Führungsqualitäten bzw. Herangehensweisen liefern. Dabei kann gesagt werden, dass extravertierte Menschen eine Herausforderung mit Annäherungsstrategien versuchen zu bewältigen während introvertierte und labile Personen eher eine Vermeidungsstrategie in schwierigen Situationen anwenden (Hoffmann, 2019, S. 84).

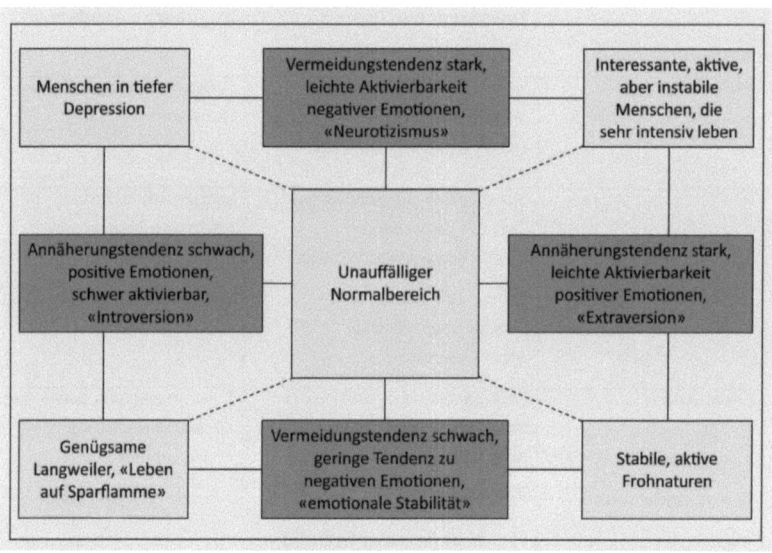

Abbildung 1: Zusammenhang zwischen Persönlichkeitseigenschaften und Strategien (Quelle: Grawe, 2004, zitiert von Hoffmann, 2019, S. 85)

Eine letzte Möglichkeit in diesem Bereich hat Kohlmann (2003) vorgeschlagen. Dabei werden **emotionsbezogene** **und** **kontrollorientierte** **Persönlichkeitsmerkmale** unterschieden. Wobei angenommen wird, dass sich physiologische und konkrete behaviorale Prozesse wechselseitig beeinflussen

---

[1] Wurde von Thurstone, Allport und Odbert in den 1930 Jahren entwickelt.

(Hammelstein, 2006b, S. 61-62). Eine wichtige Sparte der Persönlichkeitsmerkmale in der Gesundheitspsychologie, stellt das Emotionserleben und der Emotionsausdruck dar. Das Erleben bzw. der Ausdruck von (negativen) Emotionen in Bezug auf Gesundheit bzw. Krankheit kann aus zwei Perspektiven betrachtet werden. Zum Einen, dass Personen, die ihre Emotionen nicht ausdrücken, anfälliger für Krankheiten sind („non-expression approach") und zum anderen, dass es positive Auswirkungen für die Gesundheit mit sich bringt, Emotionen offen zu zeigen („expression approach"); (Pangopoulou, Kersbergen & Maes, 2002, zitiert von Pohl & Hammelstein, 2006, S. 72-73). Das Erleben und der Ausdruck von Ärger spielen für die Gesundheit eine wichtige Rolle, da sie in einem positiven Zusammenhang stehen (z. B. Blutzucker); (Pohl & Hammelstein, 2006, S. 73-74). Der Ausdruck negativer Gefühlszustände wurde in Zusammenhang mit vielen Krankheiten wie z. B. Herz-Kreislauf-Erkrankungen, Krebserkrankungen, uvm. gebracht. Dabei sprechen die Ergebnisse mehrerer Studien dafür, dass die Bewältigung einer körperlichen Erkrankung durch den fehlenden Ausdruck von Emotionen gehemmt wird z. B. in Form von Hilflosigkeit (Pohl & Hammelstein, 2006, S. 74-75). Entgegengesetzt dazu gestaltet sich die Untersuchung von positiven Emotionen auf die gesundheitliche Verfassung schwieriger. Dabei wird selten zwischen Erleben und Ausdruck positiver Emotionen unterschieden, da die positiven Gefühle meist nicht unterdrückt werden. Auch bei positiven Emotionen wirken hormonelle Prozesse mit ein, die quantitative und qualitative Veränderungen in immunologischen und kardiovaskulären Prozessen beeinflussen. Dabei wurde nachgewiesen, dass positive Emotionen verantwortliche sind für einen niedrigeren Cortisolspiegel, eine geringe Ausschüttung von Adrenalin und Noradrenalin und einen Anstieg eines Antikörpers, dass auf einigen Schleimhäuten ausgeschüttet wird (Polk, 2005; Codispoti, Gerra, Montebarocci, Zaimovic, Raggi & Baldaro, 2004; Hucklebridge, Lambert, Clow, Warburton, Evans & Sherwood, 2000, zitiert von Pohl & Hammelstein, 2006, S. 77-78). Dabei kann der Zusammenhang vom Erleben und Ausdrücken von Emotionen auf die Gesundheit erkannt werden. In Bezug auf die Führungskraft kann sich hier ableiten lassen, dass eine Führungskraft, die die eigenen Emotionen ausdrücken kann Gesünder ist, vor allem jedoch dass die Führungskraft die Emotionen der

Mitarbeiter ernst nimmt, verstehen und einschätzen kann (Pundt & Venz, 2016, S. 317).

Die Gesundheitspsychologie ist in der Lage die Themen der Gesundheit und Führung in Einklang zu bringen, um so Handlungsempfehlungen abgeben zu können, die sowohl in der Auswahl und Entwicklung von Führungskräften als auch bei der Förderung und Coaching von Mitarbeitern.

Textteil zu Aufgabe C2

Im Verlauf eines Coaching-Prozesses wird der Patient begleitet, was impliziert, dass nicht nur der Coach mit dem Patienten interagiert muss, sondern weitere Berufsgruppen hinzukommen, die weitere Aufgabenfelder abdecken.

Bei Frau F. handelt es sich um eine elegante Frau mittleren Alters, die verheiratet und Mutter von 2 Jungen ist. Ihre Kinder befinden sich im Alter von 8 und 17 Jahren. Sie ist Dolmetscherin beim Bundesgerichtshof und ihr Mann arbeitet bei einer Automobilindustrie. Frau F. kam zum Coaching Gesprächs wegen ihres Tinnitus. Sie habe schon alle Spezialisten aufgesucht und schon mehrere teure Behandlungen über sich ergehen lassen, jedoch ohne Erfolg. Der Tinnitus behindert Frau F. nun schon ein dreiviertel Jahr. Er beeinträchtigt viele Bereiche ihres Lebens. Durch die Krankheit kann sie ihren Beruf nur schwer bis gar nicht ausüben, dies führte zu finanziellen Belastungen in der Familie, worunter auch die Ehe stark litt. Frau F. wurde zunehmend unkonzentrierter und verfiel vor ca 3 Monaten in eine mittelgradige Depression, weswegen sie 3 Wochen in einer psychiatrischen Einrichtung verbrachte. Nun soll das Patientencoaching Frau F. helfen ihre Kompetenzen zu erkennen und zu fördern und die Auswahl an Angeboten und Strukturen für sie und ihre Ziele auszuwählen und zu nutzen, um Frau F.s Lebensqualität zu steigern (Stehle, 2016, S. 8).

Im Laufe des Patientencoachings kommt der Coach mit Berufsgruppen, wie dem Psychotherapeuten, der Krankenkasse bzw. -versicherung, Fachärzten und der Berufsberatung in Berührung.

Zuerst einmal setzt sich der Coach mit der Krankenkasse und -versicherung auseinander. Patienten werden häufig alleine gelassen und finden sich im Gesundheitssystem nur schwer zurecht. Zu Anfangs verschafft der Coach dem Patienten eine Orientierung im System. Der Coach setzt sich meist mit der

Rentenversicherung auseinander, um dem Patienten zu helfen, einen Rehabilitationsaufenthalt in einer psychosomatischen Rehabilitationsklinik zu beantragen. Die Deutsche Rentenversicherung ist für die Bewilligung der Reha-Anträge zuständig, da vorab geklärt werden muss, ob eine Rehabilitation für die jeweilige Person erfolgversprechend ist. Eine Rehabilitation kann sich von medizinischen Leistungen über Umschulungen bis hin zu Wiedereingliederungen ins Arbeitsleben erstrecken. Das Angebot eines Reha-Aufenthaltes steht grundsätzlich jeder Person zu. Jedoch müssen Gründe vorliegen, warum eine Rehabilitation in Anspruch genommen werden soll, z. B. wegen einem Hörsturz. Denn durch eine erfolgreiche Rehabilitation können gesundheitliche Probleme bewältigt werden, Berufe weiter ausüben und weiter in die Rentenkasse eingezahlt werden (*Deutsche Rentenversicherung*, 2020, o.S.). Um eine Reha bewilligt zu bekommen, muss Frau F. eine Reihe von Formularen ausfüllen, sowie ein Attest ihres Tinnitus vom Ohrenarzt abgeben und ein Motivationsschreiben beifügen, worin das individuelle Ziel des Rehabilitationsaufenthaltes erklärt wird. Dabei kommt eine neue Berufsgruppe ins Bild, die des Facharztes für HNO – Heilkunde. Der HNO – Arzt behandelt Patienten mit Nasen, Hals und Rachenbeschwerden, wie beispielsweise Entzündungen. Auch Allergien (z. B. allergische Rhinitis) sowie Stimm- und Sprachbildung gehören ebenfalls zu seinem Aufgabengebiet (*HNO-Arzt – die Aufgaben des Spezialisten für Hals, Nase und Ohren*, 2018). Bei dem Rehabilitationsantrag wird Frau F. vom Coach unterstützt, der aufgrund seiner Erfahrung bei diesem Prozess unterstützend und organisierend wirken kann. Er vermittelt zwischen Rentenkasse, Arzt und beachtet zudem die psychosozialen Hintergrundinformationen. Zudem werden von vielen Krankenkassen weitere Leistungen bei einer Tinnitus-Erkrankung angeboten, wie zum Beispiel die Medizin-App Tinnitracks, die Musik auf die Tinnitusfrequenz abstimmt, die ein HNO – Arzt empfiehlt und durchführt (Meine Krankenkasse.de, 2020, o.S.).

Neben der Rehabilitationsmaßnahmen steht bei Frau F. die kognitive Verhaltenstherapie (kVt) im Vordergrund. Frau F. wurde durch den Tinnitus zunehmend depressiv verstimmt, weswegen sie sich Ende 2019 in eine psychiatrische Einrichtung begab. Seitdem wurde sie jedoch nicht weiter psychotherapeutisch begleitet was sich jedoch bei den Krankheiten des Tinnitus und der Depression anbieten würde. Um einen Therapieplatz zu erhalten, muss

Frau F. keine Überweisung von einem Arzt vorzeigen. Es bietet sich jedoch an, zuerst von einem Neurologen begutachtet zu werden, bevor die Psychotherapie stattfindet. Deshalb empfiehlt es sich eine Überweisung zum Neurologen vom Hausarzt ausstellen zu lassen. Denn eine Depression kann eine lediglich eine Begleiterscheinung von verschiedenen Störungen und Erkrankungen des Nervensystems darstellen. Deshalb wird Frau F. Untersucht, um körperliche Erkrankungen auszuschließen, dabei werden zum Beispiel die Reflexe sowie die Funktion der Hirnnerven überprüft (Axt-Gadermann, 2015, o.S.). Nach diesem Prozess kann Frau F. einen Psychotherapeuten aufsuchen. Nach den probatorischen Sitzungen kann die Psychotherapie beginnen. Psychotherapeuten diagnostizieren, beraten und behandeln Menschen mit psychischen Erkrankungen. Dabei werden sie in der kurativen und palliativen Versorgung sowie in der Rehabilitation tätig. Zu ihren Aufgabenfeldern gehören zudem Kenntnisse über die Entstehung, Aufrechterhaltung und Heilung psychischer Krankheiten, wobei biopsychosoziale Aspekte mitberücksichtigt werden (Krämer, 2017, S. 22).

Da in diesem Coaching-Prozess die Rolle des Hausarztes vermehrt in Anspruch genommen wurde, wird diese Berufsgruppe ebenfalls beleuchtet. Der Hausarzt wird wie in diesem Beispiel in vielfältigen Beratungs- und Behandlungsbereichen benötigt. Er muss in der Lage sein, seine gesundheitlichen Probleme zu lösen oder mit Fachärzten zu kooperieren und gibt Unterstützung bei psychischen und sozialen Problemen. Dabei werden Kompetenzen wie problemorientierte Diagnostik mit biopsychosozialen Aspekten erwartet. Zudem sollte er in der Lage sein eine vertrauensvolle Patienten-Arzt-Beziehung aufzubauen und zu erhalten, worunter auch ein großer Aspekt der intensiven Kommunikation fällt (Krisenintervention, Führung von Suchterkrankten, Begleitung von Patienten und dessen Angehörige bei unheilbaren Krankheiten oder dem bevorstehenden Tod. Zudem werden Information, Beratung und Schulung, Anleitung zur Selbsthilfe etc. zum Kompetenzbereich gezählt. Die Förderung von Gesundheit, Beratung und Motivierung zu Gesundheit (Bewegung, Ernährung, Entspannung, etc.). Notfallbehandlung, lebensrettende Maßnahmen. Rationale Pharmakotherapie. Behandlung von Wunden und Verletzungen, Versorgungsmanagement und Hausbesuche (BÄK GROUND Hintergrundinformationen für Journalisten, 2012, S. 2-4). Der Hausarzt wird demnach auch bei der Pharmakotherapie eine entscheidende Rolle spielen, da Frau F. ihre Medikamente durch ihn verschrieben bekommt.

Frau F. kann ihren erlernten Beruf durch den Tinnitus nicht mehr ausüben. Im Laufe des Coaching Prozesses zeigte sich, dass alle therapeutischen Versuche scheiterten. Sie kann sich nur schwer auf eine Sprache konzentrieren, sie aber nicht im zeitlichen Rahmen übersetzen und wiedergeben. Dies stellt alle Beteiligten vor eine große Herausforderung. Frau F. wird wohl eine Umschulung machen. Um jedoch herauszufinden was Frau F. trotz ihrer Erkrankung ausüben kann und woran sie spaß hat, kann bei einer Berufsberatung thematisiert werden.

Berufsberatungsgespräche zur Umschulung finden zunächst von der Arbeitsagentur statt. Umschulungen müssen von der Rentenversicherung genehmigt werden. Nach dieser ähnlich eines Reha-Antrags ablaufende Genehmigung kann Frau F. einen Beratungstermin bei der Bundesagentur für Arbeit in Anspruch nehmen. Dabei werden ihre Fähigkeiten, Interessen und ihr Persönlichkeitseigenschaften erfragt und getestet, um ihr bei der neuen Berufswahl eine Entscheidungshilfe darzustellen (Bundesagentur für Arbeit, 2020, o. S.).

Zusammenfassend entscheidet die Krankenkasse bzw. -versicherung über einen gewünschten Rehabilitationsantrag von Frau F., somit besitzen Krankenkassen die Kompetenz eine Auszeit für Frau F. zu ermöglichen, in der sie sich auf sich und ihre Erkrankung fokussieren kann, um mit Hilfe der Therapeuten neue Perspektiven zu erschaffen und sich und ihrer Krankheit annehmen zu können. Fachärzte (HNO) sind bei dem bewilligen des Rehabilitationsantrags unabdingbar, da sie bestätigen, dass die Patientin die Rehabilitation braucht und ein vielversprechendes Ergebnis erzielen könnte. Zudem haben Fachärzte Zugriff auf neue Therapieverfahren und weitere Möglichkeiten zur Therapie des Leidens. Zudem können Fachärzte (Neurologe) auch weitere Krankheiten ausschließen und Krankheitsbilder voneinander abgrenzen. Der Hausarzt wird in vielen verscheiden begleitenden Bereichen tätig. Seine Aufgaben liegen in der Vermittlung, Linderung und Beratung von Frau F. Dabei benötigt er ein vielfältiges Wissen und Einfühlungsvermögen. Der Berufsgruppe des Psychotherapeuten kommt eine besondere Rolle zugute, da der Therapeut das ganzheitliche Leben des Patienten analysiert, um die Ursache der Störung zu finden oder bei einer psychischen Erkrankung Begleitung und Unterstützung im seelischen Heilungsprozess zu sein. Die Aufgaben der Therapeuten besteht darin Leidenszustände und Verhaltensstörungen lindern bzw. zu kurieren. Ihre vielfältigen Kompetenzen drücken sich in Bereichen der Beziehungsgestaltung, das Wissen, die Informationsverarbeitung (Patientenmodell bilden), Intervention, uvm. (Sachse & Fasbender, o. J., S. 25-30). Zuletzt wird die Berufsgruppe der Berufsberatung thematisiert. Diese Berufsgruppe ist dafür zuständig Personen eine neue Perspektive aufzuzeigen, um trotz der Erkrankung eine geeignete Arbeit auszuüben, um zudem auch finanziell unabhängig bleiben zu können. Die Mitarbeiter einer Bundesagentur für Arbeit haben eine große Verantwortung und sollten neben dem Einfühlungsvermögen ein großes Wissen über die Verschiedenen Berufe besitzen, um eine bestmögliche Hilfe gewährleisten zu können.

Textteil zu Aufgabe C3

1. Das transaktionale Stressmodell

Das transaktionale Stressmodell wurde von Richard S. Lazarus und seiner Arbeitsgruppe in den USA in den sechziger Jahren entwickelt (Lazarus & Launier, 1981, zitiert von Bamberg, Keller, Wohlert & Zeh, 2006, S. 9). Die Grundlage stellt dabei Experimente an Studierende dar, um eine modellhafte Erklärung für die Entstehung einer Stressreaktion zu bekommen. Das Stressmodell kann zugunsten eines besseren Verständnisses in Abbildung 2 herangezogen werden. Dabei werden psychische Bewertungs- und Bewältigungsprozesse eine besondere Bedeutung zugesprochen. Da hierdurch gezeigt werden kann, dass psychische Belastungen nicht auf alle Menschen die gleiche Wirkung erzielen. Laut Lazarus und Folkman (1984, S. 19) ist Stress eine „Beziehung zwischen Person und Umwelt, die von der Person als ihre eigenen Ressourcen auslastend oder überschreitend und als ihr Wohlbefinden gefährdend bewertet wird" (zitiert von Bamberg et al., 2006, S. 10). Dabei wird der Begriff „transaktional" eingesetzt, um die Beziehung zwischen Person und Umwelt zu signalisieren, wobei die dynamische Wechselwirkung betont wird. Im Mittelpunkt des Modells steht die Bewertung von Ereignissen und Situationen. Diese kognitiven Bewertungsprozesse sind ausschlaggebend für das Stresserleben des Individuums, denn dadurch kann festgelegt werden, in welchem Ausmaß und

Warum eine Personen-Umwelt-Beziehung als stressend empfunden wird (Lazarus, 1999, zitiert von Bamberg et al., 2006, S. 10).

Bei Personen, die eine Situation als stressend empfinden und versuchen diese zu bewältigen, laufen kognitive Prozesse ab. Lazarus unterteilte diese in zwei ablaufende Hauptphasen, der Bewertungsphase (appraisal) und der Bewältigungsphase (Coping). In der Bewertungsphase werden die aktuellen Umweltgegebenheiten auf die Bedeutsamkeit für das eigene Wohlbefinden geprüft. Anschließend wird in der Bewertungsphase werden Handlungen durchdacht, die eine Wiederherstellung des Wohlbefindens zur Folge haben sollen. In der Bewertungsphase unterschied Lazarus 1966 die drei Phasen der primären und sekundären Bewertung, sowie der Neubewertung. Im ersten Teil, der primary appraisal wird die aktuelle Situation eingestuft als irrelevant, angenehm-positiv oder stressrelevant. Eine irrelevante Situation wird von der Person als bedeutungslos eingestuft und mit einer gewissen Gleichgültigkeit durchlebt. Bei der angenehm-positiven Einstufung wird mit der Situation ein positives Gefühl verbunden oder die Situation mithilfe von Kompetenzen bewältigt werden kann. Bei den ersten beiden Formen wird kein Stresserleben hervorgerufen, da das individuelle Wohlergehen nicht beeinträchtigt wird. Anders ist es jedoch bei der dritten Situation, da die Person die vorliegende Situation als ungünstig einschätzt, indem sie zum Beispiel wichtige persönliche Wertvorstellungen oder die eigene Gesundheit gefährdet sieht. Infolge dessen wird Situation als stressrelevant bewertet (Knecht, 2011, S. 4). Daraufhin folgt ein weiterer kognitiver Bewertungsprozess, wobei der aktuelle Stress in 3 Stufen unterteilt wird, als Herausforderung, Bedrohung, Schädigung/Verlust. Wenn die vorhandenen Bewältigungsmöglichkeiten ausreichen, um diese Situation bewerkstelligen zu können, wird die Situation als positiv stressend und somit als Herausforderung angesehen. Dabei wird nach Bewältigung der Situation Erfolg erwartet, der sich im Zugewinn von Kompetenzen, sozialen Ansehen oder materiellen Gütern äußern kann. Dabei steht das zukünftige Ergebnis im Vordergrund. Sobald die Person eine Situation als Bedrohung beurteilt, erwartet die Person einen Nachteil, wie Versagen oder ähnlich Unangenehmes in Aussicht, worauf auch zukünftige ähnliche Situationen ausgerichtet werden. Die Person empfindet die Situation als negativ-Stressend, da die Anforderungen im Vergleich zu den Bewältigungsmöglichkeiten zu hoch eingeschätzt werden.

Bedrohungsgefühle wie Angst, Furcht oder Besorgnis können aus diesen Situationen entstehen, wenn die Person die Situationsbewältigung mit dem ihr zur Verfügung stehenden Potenzials als unwahrscheinlich erscheint (Knecht, 2011, S. 5).

Die dritte und letzte Möglichkeit wird nach Lazarus die Schädigung bzw. den Verlust bezeichnet. Dabei bezieht sich die Schädigung/ der Verlust nicht auf zukünftige Ergebnisse wie in den ersten beiden Einschätzungen, sondern auf die gegenwärtigen oder vergangenen Ereignisse. Dabei steht der Verlust oder die Schädigung des positiven Befindens unmittelbar bevor und ist unausweichlich. Die Bewältigungsmöglichkeiten können hierbei nur noch die dabei resultierenden Folgen mildern. Beispiele für diese schwierige Erklärung stellen der Verlust des Arbeitsplatzes oder der Tod eines geliebten Menschen dar (Jerusalem, 1990, zitiert nach Knecht, 2011, S. 5). Durch diese Ausführung wurde deutlich, dass Stress mit positiven oder negativen Gefühlen und Erwartungen einhergehen kann, es jedoch auf die verfügbaren Bewältigungsstrategien ankommt (Knecht, 2011, S. 5).

Nach diesen primären Bewertungen folgen die sekundären kognitiven Bewertungsprozesse (sekundär appraisal), bei dem sich die Einschätzung des Individuums auf die Bewältigungsfähigkeiten ausgerichtet sind. Zudem stellt Lazarus klar, dass eine zwingende zeitliche Abfolge der Bewertungsprozesse ausgeschlossen wird, obwohl die sekundäre von der primären Einschätzung abhängig ist (Schützewohl, 2010, S. 2, zitiert von Knecht, 2011, S. 6). Bei der sekundären Bewertung werden die vorhandenen Bewältigungsmöglichkeiten untersucht, um sie auf die aktuelle Stresssituation anzuwenden und diese dadurch zu überwinden. Dabei können die Fähigkeiten physischer, psychischer, sozialer oder materieller Natur sein. Mit physischen und psychischen Kompetenzen sind zum Beispiel die körperliche Gesundheit, Ausdauer und Vertrauen in die eigene Leistungsfähigkeit. Soziale Ressourcen stellen die Hilfe oder emotionale Zuwendung von anderen Personen dar und materielle Ressourcen werden durch das Zurückgreifen auf Geld oder technische Hilfsmittel bezeichnet (Knecht, 2011, S. 6). Durch das Abwägen der zur Verfügung stehenden Bewältigungsmöglichkeiten durch eigene Ressourcen entsteht eine Rückkopplung zu den primären Bewertungen, da die Einschätzung über die vorhandenen Bewältigungsmöglichkeiten zu negativem Stress oder

18

Herausforderung ansehen kann, je nachdem ob die Person ihre Strategien als ausreichend oder unzureichend einschätzt erfolgt negativer oder positiver Stress (Lazarus, Raymond, 1981, S. 240, zitiert von Knecht, 2011, S. 6).

In der letzten Phase der Bewertung, wird der Prozess der Neubewertung (reappraisal) vollzogen. Dabei werden auch äquivalente kognitive Prozesse der primären und sekundären Bewertung getätigt, jedoch zeitlich später und ergibt sich während einer Stresssituation durch die Veränderung der Problemlage. Durch neue Informationen muss die Person die Stresssituation neu bewerten, um den Prozess erneut zu durchlaufen und im Idealfall eine Problemlösungsstrategie entsteht. Auch das Widererleben einer Stresssituation kann zu einer Neubewertung führen, da eine bereits gescheiterte Strategie bei erneutem Auftreten der Situation ausgetauscht wird, um so eine bessere Chance auf Erfolg zu generieren (Knecht, 2011, S. 6-7).

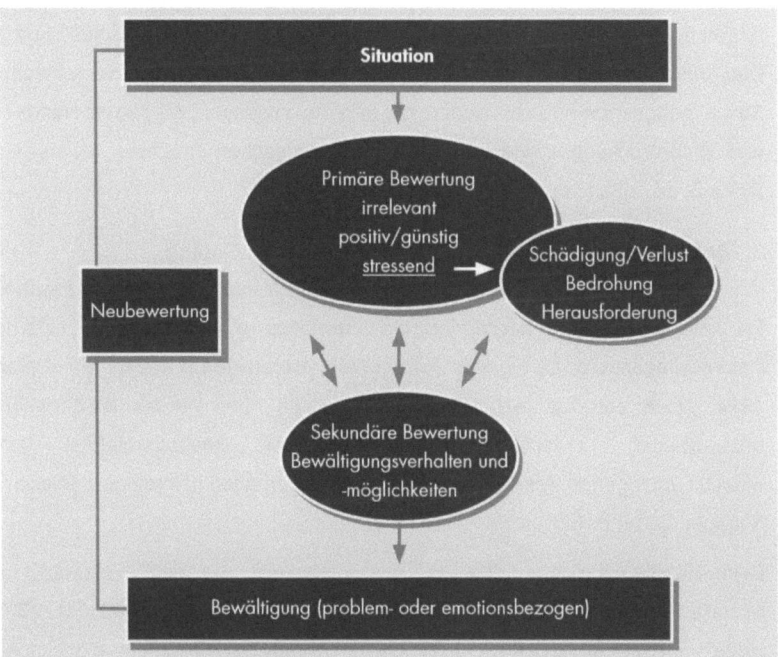

Abbildung 2: Transaktionale Stressmodell (Lazarus 1981, zitiert von Bamberg et al., 2006, S. 9)

2. Coping-Strategien

Die zweite Säule des Stressmodells nach Lazarus behandelt die Bewältigungsphase. Denn die Art der Stressbewältigung ist weit schwerer gewichtet, als die Häufigkeit oder Schwere der Stresssituationen. Dadurch dass Personen unterschiedliche Bewältigungsstrategien besitzen kann erläutert werden, warum manche Personen die vielen Stresssituationen durchlaufen keinen Schaden davontragen während bei anderen Menschen eine einzige Stresssituation ausreicht, um beispielsweise eine psychische Erkrankung entstehen zu lassen (Lazarus & Raymond, 1981, S. 241, zitiert von Knecht, 2011, S. 9). Im Jahr 1978 wird der Begriff der Bewältigung (Coping) von Lazarus und Launier als Anstrengung definiert, eine stressrelevante Situation zu meistern (Jerusalem, 2010, S. 14, zitiert von Knecht, 2011, S. 9). Die Anpassungsbemühungen können zudem noch unterschieden werden indem sie zu einer positiven Veränderung der Problemlage (problem-focused coping) führen oder die emotionale Befindlichkeit Verbessern (emotion-focused coping). Die oben genannten Verbesserungen können durch vier verschiedene Bewältigungsarten erreicht werden, die Informationssuche, die direkte Handlung und Unterdrückung sowie durch die intrapsychischen Prozesse (Jerusalem, 2010, S. 14, zitiert von Knecht, 2011, S. 10).

3. Beispiel für problem- und emotionsbezogenes Coping

Individuen haben eine unterschiedliche Art und Weise mit Stress umzugehen. Der Begriff Coping beschreibt die Bewältigung interner und externer Anforderungen, die die eigenen Ressourcen übersteigen (Lazarus & Folkman, 1984, zitiert von Kauffeld, 2019, S. 332). Wie oben bereits erwähnt wird unterschieden zwischen problembezogenen (instrumentellen) und emotionsbezogenen (palliativen) Bewältigungsverhalten (Nerdinger, Blickle & Schaper, 2014, S. 526).

Beim Problembezogenen Coping werden konkrete Aktionen eingesetzt, um aktuelle Bedrohungen durch Belastungen abzuwenden (Semmer & Udris, 2007, zitiert von Kauffeld, 2019, S. 332). Dabei können gezielte Informationssuche, Handlungen gegen die Bedrohung oder Unterlassung von Handlung um die Bedrohung nicht zu verschärfen (Nerdinger et al., 2014, S. 526). Ein Beispiel hierfür kann eine angespannte Arbeitssituation darstellen, in der ein Arbeitnehmer von der Geschäftsleitung ermahnt wird, sorgfältiger und konzentrierter zu arbeiten, da die Absatzzahlen fallen. Der Arbeitnehmer könnte nun seine Arbeitsweise anpassen. Eine zweite Möglichkeit wäre das offene Ansprechen seiner Unzufriedenheit mit dem Abteilungsleiter, weswegen seine Arbeitsmotivation schwand. Während die dritte Möglichkeit wäre, seinen Konflikt mit dem Abteilungsleiter aus der Welt zu schaffen, um seine Arbeitsleistung wieder zu verbessern. Anhand dieses Beispiels wird deutlich, dass hier ein instrumenteller bzw. problembezogener Bewältigungsstil eingesetzt wurde, um eine Bedrohung abzuwenden. Das emotionsbezogene Coping dagegen stellt das Ablenkungs- oder Konsumverhalten in den Vordergrund (z. B. Kino, rauchen essen). Dabei werden keine direkten Handlungen zur Problembewältigung eingesetzt, sondern zur Emotionsregulation, die eine vorübergehende Entlastung jedoch keine Ursachenbesserung zur Folge haben (Semmer & Udris, 2007; Schaper, 2014, zitiert von Kauffeld, 2019, S. 332). Zusammenfassend werden hier Versuche unternommen, die eigenen Emotionen und affektiven Reaktionen auf Stress zu regulieren. Ein Beispiel hierfür kann ein überlasteter Familienvater darstellen, der durch eine wirtschaftliche Krise seinen Job gefährdet sieht und somit womöglich seine Familie zukünftig nicht mehr ernähren kann. Auf Nachfrage seiner Frau bagatellisiert er seine Situation in der Firma und versucht sich abzulenken, indem er sich abends mit seinen Kumpels in der Kneipe verabredet, wobei sein Alkoholkonsum seit der Wirtschaftskrise stark gestiegen ist. Dieses Beispiel zeigt deutlich, dass Emotionsregulation mit einer vorübergehenden Entlastung einhergeht, jedoch die Ursache der Stressempfindung nicht verändert (Nerdinger et al., 2014, S. 526).

4. Offene Fragen

Durch das transaktionale Stressmodell wurde ersichtlich, dass es bestehende substanzielle interindividuelle Unterschiede zwischen den Personen in Bezug auf deren Stressempfinden gibt. Das Modell liefert zudem auch Hinweise zu den Ursprüngen der interindividuellen Unterschiede. Die Frage bleibt, ob dadurch geeignete Maßnahmen ermittelt werden können, um Personen Kompetenzen zu vermitteln, um mit Belastungen besser umgehen zu können und diese in Stresssituationen anwendbar zu machen. Die Interventionsmaßnahmen müssen Hauptaugenmerk folgender Forschungen darstellen, um eine wissenschaftliche geprüfte Antwort liefern zu können.

Literaturverzeichnis

Axt-Gadermann, M. (2015). *Diagnose Depression: Neurologische und internistische Untersuchungen.* Zugriff am 12.05.2020. Verfügbar unter http://www.vitanet.de/krankheiten-symptome/depression/diagnose/neurologische-internistische-untersuchungen

BÄK GROUND Hintergrundinformationen für Journalisten. (2012). *Die Rolle des Hausarztes in der gesundheitlichen Versorgung der Bevölkerung. 115. Deutscher Ärztetag in Nürnberg.* Nürnberg: Bundesärztekammer. Zugriff am 24.05.2020.

Bamberg, E., Keller, M., Wohlert, C. & Zeh, A. (2006). BGW-Stresskonzept. Das arbeitspsychologische Stressmodell. Zugriff am 02.05.2020.

Beelmann, A. (2012). *Risiko- und Schutzfaktoren in der sozialen Entwicklung von Kindern und Jugendlichen und ihre Bedeutung für die lokale Bedarfsplanung.* Zugriff am 09.04.2020.

Berking, M. & Rief, W. (2012). *Klinische Psychologie und Psychotherapie für Bachelor.* Berlin, Heidelberg: Springer Berlin Heidelberg. https://doi.org/10.1007/978-3-642-16974-8

Bundesagentur für Arbeit. (2020). *Persönliche Berufsberatung,* Bundesagentur für Arbeit. Zugriff am 21.05.2020. Verfügbar unter https://www.arbeitsagentur.de/bildung/berufsberatung

(2020). *Deutsche Rentenversicherung. Warum Reha?* Zugriff am 12.05.2020. Verfügbar unter https://www.deutsche-rentenversicherung.de/DRV/DE/Reha/Warum-Reha/warum-reha_node.html

Frey, D. (2016). *Psychologie der Werte.* Berlin, Heidelberg: Springer Berlin Heidelberg. https://doi.org/10.1007/978-3-662-48014-4

Fröhlich, W. D. (2014). *Wörterbuch Psychologie* (dtv, Bd. 34625, Original-Ausg., 29., unveränd. Nachaufl.). München: Dt. Taschenbuch-Verl.

Hammelstein, P. (2006a). 6.5 Die Bedeutung des Geschlechts und der sexuellen Orientierung für die Gesundheit. In B. Renneberg & P. Hammelstein (Hrsg.), *Gesundheitspsychologie* (Springer-Lehrbuch). Berlin, Heidelberg: Springer Medizin Verlag Heidelberg.

Hammelstein, P. (2006b). Persönlichkeitsmerkmale. In B. Renneberg & P. Hammelstein (Hrsg.), *Gesundheitspsychologie* (Springer-Lehrbuch). Berlin, Heidelberg: Springer Medizin Verlag Heidelberg.

Hegemann, J. (2009). *Frauen und Führung. Warum sind Frauen in Führungspositionen in Deutschland unterrepräsentiert?* (1. Aufl.).

(2018). *HNO-Arzt – die Aufgaben des Spezialisten für Hals, Nase und Ohren.* Verfügbar unter https://www.nasen-ratgeber.de/nasenpflege/hno-arzt/

Hoffmann, C. (2019). *Gehirngerechte Führung.* Berlin, Heidelberg: Springer Berlin Heidelberg. https://doi.org/10.1007/978-3-662-58947-2

Kauffeld, S. (2019). *Arbeits-, Organisations- und Personalpsychologie für Bachelor.* Berlin, Heidelberg: Springer Berlin Heidelberg. https://doi.org/10.1007/978-3-662-56013-6

Knecht, T. (2011). *Das transaktionale Stressmodell von Richard Lazarus.*

Krämer, M. (2017, November). *Berufsbild Psychologie. Psychologische Tätigkeitsfelder* (4. überarbeitete Auflage) (Berufsverband Deutscher Psychologinnen und Psychologen (BDP) e.V., Hrsg.). Zugriff am 24.05.2020.

Meine Krankenkasse.de. (2020). *Tinnitracks.* Zugriff am 12.05.2020. Verfügbar unter https://www.meine-krankenkasse.de/leistungen/unsere-leistungen/leistungen-von-a-bis-z/tinnitus/

Nerdinger, F. W., Blickle, G. & Schaper, N. (2014). *Arbeits- und Organisationspsychologie.* Berlin, Heidelberg: Springer Berlin Heidelberg. https://doi.org/10.1007/978-3-642-41130-4

Pelz, W. (2020). *Kernkompetenzen von Führungskräften: Stärken und Schwächen. Kernkompetenzen: Das "Handwerk" des Managements beherrschen,* Institut für Management-Innovation. Zugriff am 24.05.2020. Verfügbar unter https://www.managementkompetenzen.de/kernkompetenzen.html

Petermann, F., Maercker, A., Lutz, W. & Stangier, U. (2018). *Klinische Psychologie – Grundlagen*: Hogrefe. https://doi.org/10.1026/02783-000

Pohl, J. & Hammelstein, P. (2006). 6.3 Emotionserleben und Emotionsausdruck. In B. Renneberg & P. Hammelstein (Hrsg.), *Gesundheitspsychologie* (Springer-Lehrbuch). Berlin, Heidelberg: Springer Medizin Verlag Heidelberg.

Pundt, A. & Venz, L. (2016). Emotional intelligent führen - Emotionen im Führungsprozess erkennen, verstehen und steuern. In J. Felfe & R. van Dick (Hrsg.), *Handbuch Mitarbeiterführung. Wirtschaftspsychologisches Praxiswissen für Fach- und Führungskräfte* (Springer Reference Psychologie). Berlin, Heidelberg: Springer Berlin Heidelberg.

Renneberg, B. & Hammelstein, P. (Hrsg.). (2006). *Gesundheitspsychologie* (Springer-Lehrbuch). Berlin, Heidelberg: Springer Medizin Verlag Heidelberg. https://doi.org/10.1007/978-3-540-47632-0

Rolfe, M. (2019). Resilienz erfassen und messen. In M. Rolfe (Hrsg.), *Positive Psychologie und organisationale Resilienz. Stürmische Zeiten besser meistern* (Positive Psychologie kompakt, S. 245–265). Berlin: Springer.

Sachse, R. & Fasbender, J. Psychotherapie als komplexe Aufgabe für den Therapeuten Rainer Sachse, Jana Fasbender, 25–30.

Stehle, K. (2016). Studienbrief SRH Fernhochschule. Individuelle Perspektive der Prävention.

Wittchen, H.-U. & Hoyer, J. (2011). *Klinische Psychologie & Psychotherapie* (Springer-Lehrbuch, 2., überarb. und erw. Aufl.). Heidelberg: Springer-Medizin.

BEI GRIN MACHT SICH IHR WISSEN BEZAHLT

- Wir veröffentlichen Ihre Hausarbeit,
  Bachelor- und Masterarbeit

- Ihr eigenes eBook und Buch -
  weltweit in allen wichtigen Shops

- Verdienen Sie an jedem Verkauf

Jetzt bei www.GRIN.com hochladen und kostenlos publizieren